ENGLISH   TURKMEN

Topical Dictionary

By Jessy Gonzales

Contents

<table>
<tr><td>

English
</td><td>

Turkmen
</td></tr>
</table>

English	Turkmen
MAIN CONCEPTS	esasy düşünjeler

Pronouns At çalyşmalary

English	Turkmen
I , me	Men, men
you	sen
he	Ol
she	Ol
it	Bu
we	biz
you	sen
they	Olar

Basic phrases Esasy sözlemler

English	Turkmen
Hello!	Salam!
Hello!	Salam!
Good morning!	Ertiriňiz haýyrly bolsun!
Good afternoon!	Günüňiz haýyrly bolsun!
Good evening!	Agşamyňyz haýyrly bolsun!
to say hello	salam bermek
Hi!	Salam!
greeting	salam
to greet	salam bermek
How are you?	Ýagdaýlaryňyz nähili?
What's new?	Täzelik näme?

Bye-Bye! Goodbye!	Sagbol! Hoş gal!
See you soon!	Görüşýänçäk!
to say goodbye	hoşlaşmak
Cheers!	Şat!
Thank you!	Sagbol!
Thank you very much!	Köp sagbol!
My pleasure!	Göwnüme bolmasa!
Don't mention it!	Muny aýtma!
Excuse me!	Bagyşlaň meni!
to excuse	bahana
to apologize	ötünç soramak
My apologies	Гафу
I'm sorry!	Bagyşlaň!
It's okay!	Gowy!
please	haýýş edýärin
Don't forget!	Forgetatdan çykarma!
Certainly!	Elbetde!
Of course not!	Elbetde ýok!
Okay!	Bolýar!
That's enough!	Ýeter!

How to address a person Arzalar

mister, sir	jenap, jenap
madam	hanym

miss	sypdyrmak
young man	ýaş adam
young man	ýaş adam
miss	sypdyrmak

Numbers from 0 to 100 0-dan 100-e çenli sanlar

zero	nol
one	biri
two	iki
three	üç
four	dört
five	bäş
six	alty
seven	ýedi
eight	sekiz
nine	dokuz
ten	on
eleven	on bir
twelve	on iki
thirteen	on üç
fourteen	on dört
fifteen	on bäş
sixteen	on alty
seventeen	on ýedi
eighteen	on sekiz

nineteen	on dokuz
twenty	ýigrimi
twenty-one	ýigrimi bir
twenty-two	ýigrimi iki
twenty-three	ýigrimi üç
thirty	otuz
thirty-one	otuz bir
thirty-two	otuz iki
thirty-three	otuz üç
forty	kyrk
forty-one	kyrk bir
forty-two	kyrk iki
forty-three	kyrk üç
fifty	elli
fifty-one	elli bir
fifty-two	elli iki
fifty-three	elli üç
sixty	altmyş
sixty-one	altmyş bir
sixty-two	altmyş iki
sixty-three	altmyş üç
seventy	ýetmiş
seventy-one	ýetmiş bir
seventy-two	ýetmiş iki

seventy-three	ýetmiş üç
eighty	segsen
eighty-one	segsen bir
eighty-two	segsen iki
eighty-three	segsen üç
ninety	togsan
ninety-one	togsan bir
ninety-two	togsan iki
ninety-three	togsan üç

Numbers from 100 to milliard 100-den milliard-a çenli sanlar

one hundred	bir ýüz
two hundred	iki ýüz
three hundred	üç ýüz
four hundred	dört ýüz
five hundred	bäş ýüz
six hundred	alty ýüz
seven hundred	ýedi ýüz
eight hundred	sekiz ýüz
nine hundred	dokuz ýüz
thousand	müň
two thousand	iki müň
three thousand	üç müň
ten thousand	on müň

one hundred thousand	ýüz müň
million	million
billion	milliard

Ordinal Numbers Adaty sanlar

first	ilki bilen
second	ikinji
third	üçünji
fourth	dördünji
fifth	bäşinji
sixth	altynjy
seventh	ýedinji
eighth	sekizinji
ninth	dokuzynjy
tenth	onunjy

Fractions Bölekler

fraction	fraksiýa
one half	ýarym
one third	üçden biri
one quarter	çärýek
one eighth	sekizinji
one tenth	ondan biri
two thirds	üçden iki bölegi
three quarters	üç çärýek

Mathematical Operations Matematiki amallar

subtraction	aýyrmak
to subtract	aýyrmak
division	bölünişik
to divide	bölmek
addition	goşmak
to add up	goşmak üçin
to add	goşmak
multiplication	köpeltmek
to multiply	köpeltmek

Words involved in calculations Hasaplamalara gatnaşýan sözler

figure	şekil
number	sany
numeral	san
minus	minus
plus	goşmaça
formula	formula
calculation	hasaplamak
to count	sanamak
to compare	deňeşdirmek üçin
How much?	Näçe?
How many?	Näçe?
sum, total	jemi, jemi

result	Netije
remainder	galan
a few ...	birnäçe ...
few ...	az ...
the rest	galanlary
one and a half	bir ýarym
dozen	onlarça
in half	ýarysynda
equally	deň derejede
half	ýarysy
time	wagt

Most important Verbs Iň möhüm işlikler

to run	ylgamak
to be afraid	gorkmak
to take	almak
to be	bolmak
to see	görmek
to own	eýe bolmak
to object	garşy çykmak
to come in	girmek
to choose	saýlamak
to go out	çykmak
to speak	gürlemek

to cook	bişirmek
to give	bermek
to do	etmek
to trust	ynanmak
to think	oýlanmak, pikirlenmek
to complain	arz etmek
to wait	garaşmak
to forget	ýadyňdan çykarmak
to have breakfast	ertirlik edinmek
to order	Sargamak
to finish	gutarmak
to notice	duýdurmak
to write down	ýazmak üçin
to defend	goramak üçin
to call	jaň etmek
to know	bilmek
to know	bilmek
to play	oýnamak
to go	gitmek
to excuse	bahana
to change	üýtgetmek
to study	okamak
to have	bar bolmak
to be interested in ...	bilen gyzyklanmak ...

to inform	habar bermek
to look for ...	Gözlemek ...
to control	gözegçilik etmek
to steal	ogurlamak
to shout	diýip gygyrmak
to go for a swim	suwa düşmek
to fly	uçmak
to catch	tutmak
to break	döwmek
to love	söýmek
to pray	doga etmek
to keep silent	dymmak
can	edip biler
to observe	syn etmek
to hope	umyt etmek
to punish	jezalandyrmak
to insist	talap etmek
to find	tapmak
to begin	başlamak
to underestimate	kembaha garamak
to fancy	hyýal etmek
to have lunch	günortanlyk edinmek
to promise	söz bermek
to deceive	aldamak

to discuss	ara alyp maslahatlaşmak üçin
to unite	birleşmek
to explain	düşündirmek
to mean	diýmek
to liberate	azat etmek
to insult	kemsitmek
to stop	durmak
to answer	jogap bermek
to guess right	dogry çaklamak
to refuse	ret etmek
to open	açmak üçin
to send	ibermek
to hunt	aw etmek
to make a mistake	ýalňyşmak
to fall	ýykylmak
to translate	terjime etmek
to write	ýazmak
to swim	ýüzmek
to cry	Aglamak
to plan	meýilleşdirmek
to pay	tölemek
to turn	öwürmek
to repeat	gaýtalamak
to sign	gol çekmek

to give a hint	yşarat etmek
to show	görkezmek
to help	kömek etmek
to understand	dusunmek
to expect	garaşmak
to propose	teklip etmek
to prefer	saýlamak
to warn	duýduryş bermek
to stop	durmak
to invite	çagyrmak
to arrive	gelmek
to order	Sargamak
to belong to ...	degişli bolmak ...
to try	synap görmek
to sell	satmak
to continue	dowam etmek
to pronounce	aýtmak
to miss	küýsemek
to ask	soramak
to forgive	bagyşlamak
to hide	gizlemek
to confuse, to mix up	bulaşdyrmak, garyşdyrmak
to work	işlemek
to permit	rugsat bermek

to count on ...	bil baglamak ...
to reserve, to book	ätiýaçlandyrmak, bron etmek
to recommend	maslahat bermek
to drop	gaçyrmak
to scold	käýinmek
to run, to manage	ylgamak, dolandyrmak
to dig	gazmak
to sit down	oturmak
to say	diýmek, aýtmak
to follow ...	yzarlamak ...
to hear	eşitmek
to laugh	gülmek
to rent	kärendesine almak
to advise	maslahat bermek
to agree	razy bolmak
to regret	ökünmek
to create	döretmek
to doubt	şübhelenmek
to keep	saklamak
to save, to rescue	halas etmek, halas etmek
to ask	soramak
to come down	aşak inmek
to compare	deňeşdirmek üçin
to cost	çykdajy etmek

to shoot	atmak
to exist	bar bolmak
to count	sanamak
to hurry	howlukmak
to demand	talap etmek
to be needed	zerur bolmak
to touch	degmek
to kill	oldurmek
to threaten	haýbat atmak
to be surprised	geň galmak
to have dinner	agşamlyk edinmek
to decorate	bezemek
to smile	ýylgyrmak
to mention	bellemeli
to participate	gatnaşmak
to boast	öwünmek
to want	islemek
to be hungry	aç bolmak
to be thirsty	teşne bolmak
to read	okamak
to joke	degişmek

Colors   Reňkler

| colour | reňk |
| shade | kölege |

hue	hue
rainbow	älemgoşar
white	ak
black	gara
grey	çal
green	ýaşyl
yellow	sary
red	gyzyl
blue	gök
light blue	açyk gök
pink	gülgüne
orange	mämişi
violet	gyrmyzy
brown	goňur
golden	altyn
silvery	kümüş
beige	bej
cream	krem
turquoise	firuzeli
cherry red	alça gyzyl
lilac	lilak
crimson	gyrmyzy
light	ýagtylyk
dark	garaňky

bright	ýagty
coloured	reňkli
colour	reňk
black-and-white	ak-gara
plain	sada
multicoloured	köp reňkli

Most Popular Questions   Iň meşhur soraglar

Questions	Soraglar
Who?	Kim?
What?	Näme?
Where?	Nirede?
Where?	Nirede?
Where ... from?	Nireden?
When?	Haçan?
Why?	Näme üçin?
What for?	Näme üçin?
How?	Nädip?
Which?	Haýsy?
To whom?	Kime?
About whom?	Kim hakda?
About what?	Näme hakda?
With whom?	Kim bilen?
How many?	Näçe?

| How much? | Näçe? |
| Whose? | Kimi? |

Prepositions

with	bilen
without	bolmasa
to	to
about	hakda
before	öň
under	astynda
above	ýokarda
on	üstünde
from	dan
of	of
in	içinde
over	gutardy

Basic Introductory Words and Adverbs   Esasy giriş sözleri we sözlemler

Where?	Näme üçin?
here	käbir sebäpler üçin
there	sebäbi ...
somewhere	we
nowhere	ýa-da
by	emma
by the window	üçin

Where?	Şeýle hem
here	diňe
there	takyk
from here	hakda
from there	takmynan
close	takmynan
far	diýen ýaly
not far	galanlary
left	beýlekisi
on the left	beýlekisi
to the left	hersi
right	Islendik
on the right	köp
to the right	köp
in front	köp adamlar
front	hemmesi
ahead	çalyşmak üçin...
behind	çalyşdy
from behind	el bilen
back	kyn
middle	ähtimal
in the middle	bilgeşleýin
at the side	tötänleýin
everywhere	gaty gowy

around	meselem
from inside	arasynda
somewhere	arasynda
straight	gaty köp
back	esasanam
from anywhere	Hepdäniň günleri
from somewhere	Duşenbe
firstly	Sişenbe
secondly	Çarşenbe
thirdly	Penşenbe
suddenly	Juma
at first	Şenbe
for the first time	Sundayekşenbe
long before ...	Bu gün
for good	ertir
never	birigün
again	düýn
now	duynden onki gun
often	gün
then	iş güni
urgently	umumy dynç alyş
usually	dynç güni
by the way, ...	dynç günleri
possible	uzakly gün

probably	ertesi gün
maybe	iki gün ozal
besides ...	bir gün öň
that's why ...	her gün
in spite of...	her gün
thanks to ...	hepde
what	geçen hepde
that	indiki hepde
something	hepdede
anything, something	her hepde
nothing	hepdede iki gezek
who	her sişenbe
someone	Günüň wagtlary
somebody	irden
nobody	irden
nowhere	günortan, öýlän
nobody's	günortan
somebody's	agşam
so	agşam
also	gije
too	gije

Basic Introductory Words and Adverbs ýary gije

| Why? | ikinji |
| for some reason | minut |

because ...	sagat
and	ýarym sagat
or	çärýek sagat
but	on bäş minut
for	ýigrimi dört sagat
too	gün dogmagy
only	dañ atmak
exactly	ir säher
about	gün ýaşmagy
approximately	ir säher bilen
approximate	şu gün irden
almost	ertir moning
the rest	Şu gün günortan
the other	günortan
other	ertir günortan
each	şu gije
any	ertir agşam
much	sagat 3-de ýiti
many	sagat 4 töweregi
many people	sagat 12-e çenli
all	20 minutdan
in exchange for...	bir sagadyň içinde
in exchange	wagtynda
by hand	dawa...

hardly	bir sagatlap
probably	her 15 minutdan
on purpose	gije-gündiziň dowamynda
by accident	Möwsümler
very	Januaryanwar
for example	Fewral
between	Mart
among	Aprel
so much	Maý
especially	Iýun

Days of the week Iýul

Monday	Awgust
Tuesday	Sentýabr
Wednesday	Oktýabr
Thursday	Noýabr
Friday	Dekabr
Saturday	Bahar
Sunday	ýazda
today	Bahar
tomorrow	tomus
the day after tomorrow	tomusda
yesterday	tomus
the day before yesterday	güýz

day	güýzde
working day	güýz
public holiday	gyş
day off	gyşda
weekend	gyş
all day long	aý
next day	bu Aý
two days ago	Indiki aÿ
the day before	geçen aý
daily	bir aý öň
every day	bir aýdan
week	iki aýýň içinde
last week	tutuş bir aý
next week	bütin aý
weekly	aýda
every week	iki aýlyk
twice a week	her aý
every Tuesday	aýda iki gezek

Times of Day   ýyl

morning	Bu ýyl
in the morning	Indiki ýyl
noon, midday	geçen ýyl
in the afternoon	bir ýyl ozal
evening	Bir ýylda

in the evening	iki ýylda
night	Bir ýyl
at night	bütin ýyl
midnight	her ýyl
second	ýyllyk
minute	her ýyl
hour	4ylda 4 gezek
half an hour	senesi
quarter of an hour	senesi
fifteen minutes	senenama
twenty four hours	ýarym ýyl
sunrise	alty aý
dawn	Möwsüm
early morning	asyr
sunset	Wagt hakda sözler
early in the morning	wagt
today in the morning	dessine
tomorrow moning	dessine
this afternoon	döwür
in the afternoon	durmuş
tomorrow afternoon	bakylyk
tonight	döwür
tomorrow night	döwri
at 3 o'clock sharp	aýlaw

about 4 o'clock	möhlet, döwür
by 12 o'clock	geljek
in 20 minutes	gelejek
in an hour	indiki gezek
on time	geçmiş
a quaretr to…	geçmiş
withing an hour	Soňky gezek
every 15 minutes	soňrak
round the clock	soň

Seasons häzirki wagtda

January	Indi
February	derrew
March	basym
April	öňünden
May	köp wagt ozal
June	ýakynda
July	takdyr
August	ýatlamalar
September	arhiw
October	wagtynda ...
November	uzyn, uzak
December	uzyn däl
spring	ir

in spring	giç
spring	baky
summer	başlamak
in summer	yza süýşürmek
summer	şol bir wagtda
autumn	hemişelik
in autumn	hemişelik
autumn	wagtlaýyn
winter	käwagt
in winter	seýrek
winter	köplenç
month	Esasy antonimler
this month	baý
next month	garyp
last month	näsag, syrkaw
a month ago	sagdyn
in a month	uly
in two months	kiçi
a whole month	çalt
all month long	ýuwaş-ýuwaşdan
monthly	çalt
bi-monthly	haýal
every month	şadyýan
twice a month	gynandyryjy

year	bilelikde
this year	aýratynlykda
next year	sesli
last year	ýuwaşlyk bilen
a year ago	uzyn
in a year	pes
in two years	çuň
a whole year	ýalpak
all year long	hawa
every year	ýok
annual	uzakda
annually	golaýynda
4 times a year	uzakda
date	golaýynda
date	uzyn
calendar	gysga
half a year	gowy
six months	erbet
season	öýlenen
century	ýeke

Words about time   gadagan etmek

time	rugsat bermek
instant	soňy
instant	başlangyjy

period	çep
life	dogry
eternity	ilki bilen
epoch	iň soňky
era	jenaýat
cycle	jeza
term , period	Sargamak
the future	boýun bolmak
future	göni
next time	egri
the past	jennet
past	dowzah
last time	dogulmak
later	ölmek
after	güýçli
nowadays	gowşak
now	köne
immediately	ýaş
soon	köne
in advance	täze
a long time ago	gaty
recently	ýumşak
destiny	ýyly
memories	sowuk

archives	ýag
during ...	inçe
long, a long time	dar
not long	giň
early	gowy
late	erbet
forever	batyr
to start	gorkak
to postpone	Geometrik şekiller
at the same time	inedördül
permanently	inedördül
constant	tegelek
temporary	tegelek
sometimes	üçburçluk
rarely	üçburçluk
often	ýumurtga

The main antonyms   ýumurtga

rich	gönüburçluk
poor	gönüburçly
ill, sick	piramida
healthy	romb
big	trapezium
small	kub

quickly	prizma
slowly	aýlaw
fast	sfera
slow	obeer şary
cheerful	diametri
sad	radiusy
together	perimetri
separately	merkezi
aloud	keseligine
silently	dik
tall	parallel
low	parallel
deep	setir
shallow	insult
yes	göni çyzyk
no	egrilik
distant	inçe
nearby	kontur
far	çatrygy
nearby	dogry burç
long	segmenti
short	sektory
good	tarapy
evil	burç

married	Çäreler
single	agramy
to forbid	uzynlygy
to permit	ini
end	beýikligi
beginning	çuňlugy
left	göwrümi
right	meýdany
first	gram
last	milligram
crime	kilogram
punishment	tonna
to order	funt
to obey	unsiýa
straight	metr
curved	millimetr
heaven	santimetr
hell	kilometr
to be born	mil
to die	dýuým
strong	aýak
weak	howly
old	inedördül metr
young	gektar

old	litr
new	derejesi
hard	wolt
soft	amper
warm	at güýji
cold	mukdary
fat	azajyk ...
slim	ýarysy
narrow	onlarça
wide	bölek
good	ululygy
bad	masştab
brave	iň az
cowardly	iň kiçi

Geometric shapes   orta

square	maksimum
square	iň ulusy
circle	Mümkinçilikler
round	banka
triangle	gala
triangular	çelek
oval	barrel
oval	basseýn
rectangle	tank

rectangular	böwür
pyramid	Jerri edip biler
rhombus	guýy
trapezium	krujka
cube	käse
prism	gazana
circumference	aýna (tüýdük)
sphere	aýna
globe	tabak
diameter	çüýşe
radius	boýn
perimeter	garaf
centre	küýze
horizontal	gämi
vertical	gazana
parallel	waza
parallel	çüýşe
line	flakon, kiçijik çüýşe
stroke	turba
straight line	halta (sumka)
curve	sumka
thin	paket
contour	guty
intersection	guty

right angle	sebet
segment	Materiallar
sector	material
side	agaç
angle	agaç

Measures aýna

weight	aýna
length	daş
width	daş
height	plastmassa
depth	plastmassa
volume	rezin
area	rezin
gram	material, mata
milligram	mata
kilogram	kagyz
ton	kagyz
pound	karton
ounce	karton
metre	polietilen
millimetre	selofan
centimetre	linolyum
kilometre	faner

mile	farfor
inch	farfor
foot	palçyk
yard	palçyk
square metre	keramika
hectare	keramika
litre	Metalllar
degree	metal
volt	metal
ampere	garyndy
horsepower	altyn
quantity	altyn, altyn
a little bit of ...	kümüş
half	kümüş
dozen	demir
piece	demirden ýasalan demir
size	polat
scale	polat
minimum	mis
the smallest	mis
medium	alýumin
maximum	alýumin
the largest	bürünç

Capacities bürünç

jar	bürünç
tin	nikel
bucket	platina
barrel	simap
basin	gala
tank	gurşun
hip flask	sink
jerry can	tank
cistern	böwür
mug	Jerri edip biler
cup	guýy
saucer	krujka
glass (tumbler)	käse
glass	gazana
stew pot	aýna (tüýdük)
bottle	aýna
neck	tabak
carafe	çüýşe
jug	boýn
vessel	garaf
pot	küýze
vase	gämi

bottle	gazana
vial, small bottle	waza
tube	çüýşe
sack (bag)	flakon, kiçijik çüýşe
bag	turba
packet	halta (sumka)
box	sumka
box	paket
basket	guty

Materials guty

material	sebet
wood	Materiallar
wooden	material
glass	agaç
glass	agaç
stone	aýna
stone	aýna
plastic	daş
plastic	daş
rubber	plastmassa
rubber	plastmassa
material, fabric	rezin
fabric	rezin
paper	material, mata

paper	mata
cardboard	kagyz
cardboard	kagyz
polythene	karton
cellophane	karton
linoleum	polietilen
plywood	selofan
porcelain	linolyum
porcelain	faner
clay	farfor
clay	farfor
ceramics	palçyk
ceramic	palçyk

Metalls — keramika

metal	keramika
metal	Metalllar
alloy	metal
gold	metal
gold, golden	garyndy
silver	altyn
silver	altyn, altyn
iron	kümüş
iron, made of iron	kümüş

steel	demir
steel	demirden ýasalan demir
copper	polat
copper	polat
aluminium	mis
aluminium	mis
bronze	alýumin
bronze	alýumin
brass	bürünç
nickel	bürünç
platinum	bürünç
mercury	nikel
tin	platina
lead	simap
zinc	gala

gurşun

Human sink

human being

man

woman

child

girl

boy

teenager

old man

old woman

Anatomy

organism

heart

blood

artery

vein

brain

nerve

nerves

vertebra

spine

stomach

intestines

intestine

liver

kidney

bone

skeleton

rib

skull

muscle

biceps

triceps

tendon

joint

lungs

genitals

skin

Head

head

face

nose

mouth

eye

eyes

pupil

eyebrow

eyelash

eyelid

tongue

tooth

lips

cheekbones

gum

palate

nostrils

chin

jaw

cheek

forehead

temple

ear

back of the head

neck

throat

hair

hairstyle

haircut

wig

moustache

beard

to have

plait

sideboards

red-haired

grey

bald

bald patch

ponytail

fringe

Body Parts

hand

arm

finger

thumb

little finger

nail

fist

palm

wrist

forearm

elbow

shoulder

leg

foot

knee

calf

hip

heel

body

stomach

chest

breast

flank

back

lower back

waist

navel

buttocks

bottom

beauty mark

tattoo

scar

Clothes

outerwear

clothes

outer clothing

winter clothing

overcoat

fur coat

fur jacket

down coat

jacket

raincoat

waterproof

Clothes

shirt

trousers

jeans

jacket

suit

dress

skirt

blouse

knitted jacket

jacket

T-shirt

shorts

tracksuit

bathrobe

pyjamas

sweater

pullover

waistcoat

tailcoat

dinner suit

uniform

work wear

boiler suit

coat

Undergarments

underwear

vest

socks

nightgown

bra

knee highs

tights

stockings

swimsuit, bikini

Hats

hat

trilby hat

baseball cap

flatcap

beret

hood

panama

knitted hat

headscarf

women's hat

hard hat

forage cap

helmet

bowler

top hat

Shoes

footwear

ankle boots

shoes

boots

slippers

trainers

plimsolls, pumps

sandals

cobbler

heel

pair

shoelace

to lace up

shoehorn

shoe polish

Tissue

cotton

cotton

flax

flax

silk

silk

wool

woollen

velvet

suede

corduroy

nylon

nylon

polyester

polyester

leather

leather

fur

fur

Accessories

gloves

mittens

scarf

glasses

frame

umbrella

walking stick

hairbrush

fan

tie

bow tie

braces

handkerchief

comb

hair slide

hairpin

buckle

belt

shoulder strap

bag

handbag

rucksack

fashion

in vogue

fashion designer

collar

pocket

pocket

sleeve

hanging loop

flies

zip

fastener

button

buttonhole

to come off

to sew

to embroider

embroidery

sewing needle

thread

seam

to get dirty

stain

to crease, crumple

to tear

clothes moth

Hygiene and cosmetics

toothpaste

toothbrush

to clean one's teeth

razor

shaving cream

to shave

soap

shampoo

scissors

nail file

nail clippers

tweezers

cosmetics

face mask

manicure

to have a manicure

pedicure

make-up bag

face powder

powder compact

blusher

perfume

toilet water

lotion

cologne

eyeshadow

eyeliner

mascara

lipstick

nail polish

hair spray

deodorant

cream

face cream

hand cream

anti-wrinkle cream

day cream

night cream

tampon

toilet paper

hair dryer

Jewelry　　Şaý-sepler

jewellery	şaý-sepler
precious	gymmatly
hallmark	bellik
ring	jaň
wedding ring	toý ýüzügi
bracelet	bilezik
earrings	gulakhalkalar
necklace	monjuk
crown	täç
bead necklace	monjuk monjuk
diamond	göwher
emerald	zümrüd
ruby	ýakut
sapphire	sapfir
pearl	merjen
amber	amber

Watch   Serediň

watch	sagat
dial	aýlaň
hand	eli
bracelet	bilezik
watch strap	gaýyş
battery	batareýa
to be flat	tekiz bolmak

to change a battery	batareýany çalyşmak
to run fast	çalt ylgamak
to run slow	haýal işlemek
wall clock	diwar sagady
hourglass	sagat stakany
sundial	sundial
alarm clock	jaň sagady
watchmaker	sagat ýasaýjy
to repair	abatlamak üçin

Food   Iýmit

Food Iýmit

meat	et
chicken	towuk
young chicken	ýaş towuk
duck	ördek
goose	goz
game	oýun
turkey	hindi
pork	doňuz eti
veal	göle eti
lamb	guzy
beef	sygyr eti

rabbit	towşan
sausage	kolbasa
Vienna sausage	Wena kolbasa
bacon	doňuz eti
ham	ham
gammon	gammon
pate	pate
liver	bagyr
lard	lard
mince	mince
tongue	dil
egg	ýumurtga
eggs	ýumurtga
egg white	ýumurtga ak
egg yolk	ýumurtganyň sarysy
fish	balyk
seafood	deňiz önümleri
crustaceans	gabyk
caviar	ikiýar
crab	gyrgyç
prawn	çorba
oyster	oyster
spiny lobster	süýümli leňňeç
octopus	sekiz

squid	skid
sturgeon	bekre balygy
salmon	losos
halibut	halibut
cod	kod
mackerel	makerel
tuna	tunes
eel	eel
trout	alabalyk
sardine	sardine
pike	Pike
herring	sürü
bread	çörek
cheese	peýnir
sugar	şeker
salt	duz
rice	tüwi
pasta	makaron
noodles	nahar
butter	ýag
vegetable oil	ösümlik ýagy
sunflower oil	günebakar ýagy
margarine	margarin
olives	zeýtun

olive oil	zeýtun ýagy
milk	süýt
condensed milk	kondensirlenen süýt
yogurt	gatyk
sour cream	gaýmak
cream	krem
mayonnaise	maýonez
buttercream	sarymsak
groats	garga
flour	un
tinned food	gaplanan iýmit
cornflakes	mekgejöwen
honey	bal
jam	jam
chewing gum	sakgyç

Drinks Içgiler

water	suw
drinking water	agyz suwy
mineral water	mineral suw
still	entegem
carbonated	gazlandyrylan
sparkling	ýalpyldawuk
ice	buz

with ice	buz bilen
non-alcoholic	alkogolly däl
soft drink	alkogolsyz içgi
cool soft drink	salkyn alkogolsyz içgi
lemonade	limonad
spirits	ruhlar
wine	çakyr
white wine	ak şerap
red wine	gyzyl çakyr
liqueur	likýor
champagne	şampan
vermouth	vermut
whisky	viski
vodka	arak
gin	jin
cognac	konýak
rum	rum
coffee	kofe
black coffee	gara kofe
white coffee	ak kofe
cappuccino	kapuçino
instant coffee	derrew kofe
milk	süýt
cocktail	kokteýl

milk shake	süýt silkmek
juice	şiresi
tomato juice	pomidor şiresi
orange juice	pyrtykal miwe suwy
freshly squeezed juice	täze gysylan suw
beer	piwo
lager	lager
Dark Beer	Garaňky piwo
tea	çaý
black tea	gara çaý
green tea	yaşyl çaý

Vegetables Gök önümler

vegetables	gök önümler
greens	gök önümler
tomato	pomidor
cucumber	hyýar
carrot	käşir
potato	kartoşka
onion	sogan
garlic	sarymsak
cabbage	kelem
cauliflower	karam
Brussels sprouts	Brýussel gögerýär
broccoli	brokoli

beetroot	tomzak
aubergine	aubergine
Zucchini	Zucchini
pumpkin	kädi
turnip	şalgam
parsley	petruşka
dill	ukrop
lettuce	salat
celery	selderýa
asparagus	asparagus
spinach	ysmanak
pea	nohut
beans	noýba
maize	mekgejöwen
kidney bean	böwrek noýbasy
bell pepper	jaň burç
radish	turp
artichoke	artokok

Fruits and Nuts Miwe we hoz

fruit	miwesi
apple	alma
pear	armut
lemon	limon

orange	mämişi
strawberry	rawertudana
tangerine	mandarin
plum	erik
peach	şetdaly
apricot	erik
raspberry	malina
pineapple	ananas
banana	banan
watermelon	garpyz
grape	üzüm
sour cherry	turş alça
sweet cherry	süýji alça
melon	gawun
grapefruit	greýpfrut
avocado	awakado
papaya	papaya
mango	mango
pomegranate	nar
redcurrant	redcurrant
blackcurrant	gara
gooseberry	kriz
bilberry	bilberry
blackberry	garaguş

raisin	kişmiş
fig	injir
date	senesi
peanut	nohut
almond	badam
walnut	hoz
hazelnut	hoz
coconut	kokos
pistachios	pisse

Bread and Sweets — Çörek we süýjüler

confectionery	konditer önümleri
bread	çörek
biscuits	biskwitler
chocolate	şokolad
chocolate	şokolad
sweet	süýji
cake	tort
cake	tort
pie	pirog
filling	doldurmak
jam	jam
marmalade	marmelad
waffle	wafli
ice-cream	doňdurma

| pudding | puding |

Courses   Kurslar

course, dish	elbetde, saçak
cuisine	aşhanasy
recipe	resept
portion	bölegi
salad	salat
soup	çorba
clear soup	çorba arassalamak
sandwich	sendwiç
fried eggs	gowrulan ýumurtgalar
cutlet	kletlet
hamburger	gamburger
steak	biftek
roast meat	gowrulan et
garnish	garnirow
spaghetti	spagetti
mash	püresi
pizza	pizza
porridge	porsy
omelette	omlet
boiled	gaýnadyldy
smoked	çilim çekdi

fried	gowrulan
dried	gurady
frozen	doňduryldy
pickled	duzlanan
sweet	süýji
salty	duzly
cold	sowuk
hot	yssy
bitter	ajy
tasty	tagamly
to cook	bişirmek
to cook	bişirmek
to fry	gowurmak
to heat up	gyzdyrmak
to salt	duzlamak
to pepper	burç
to grate	owratmak
peel	gabyk
to peel	gabyk

Spices and seasonings — Icesakymly yslar we tagamlar

salt	duz
salty	duzly
to salt	duzlamak
black pepper	gara burç

red pepper	gyzyl burç
mustard	gorçisa
horseradish	atly
condiment	ýakymly
spice	ýakymly ys
sauce	sous
vinegar	sirke
anise	anise
basil	reyhan
cloves	ýorunja
ginger	zynjyr
coriander	koriander
cinnamon	darçyn
sesame	künji
bay leaf	aýlaw ýapragy
paprika	paprika
caraway	garawul
saffron	safran

Words for eating Iýmek üçin sözler

food	iýmit
to eat	iýmek
breakfast	ertirlik
to have breakfast	ertirlik edinmek

lunch	günortanlyk
to have lunch	günortanlyk edinmek
dinner	agşamlyk
to have dinner	agşamlyk edinmek
appetite	işdä
Enjoy your meal!	Naharyňyzdan lezzet alyň!
to open	açmak üçin
to spill	dökmek
to spill out	dökmek
to boil	gaýnatmak
to boil	gaýnatmak
boiled	gaýnadyldy
to cool	sowatmak
to cool down	sowatmak
taste, flavour	tagamy, tagamy
aftertaste	soňundan
to be on a diet	berhizde bolmak
diet	berhiz
vitamin	witamin
calorie	kaloriýa
vegetarian	wegetarian
vegetarian	wegetarian
fats	ýaglar
proteins	beloklary

carbohydrates	uglewodlar
slice	dilim
piece	bölek
crumb	döwmek

spoon	çemçe
knife	pyçak
fork	çeňňek
cup	käse
plate	tabak
saucer	gazana
serviette	hyzmat
toothpick	diş dişleri

Restaurant Restoran

restaurant	restoran
coffee bar	kofe bar
pub	pub
tearoom	göz ýaşardyjy
waiter	ofisiant
waitress	ofisiant
barman	barman
menu	menýu
wine list	çakyr sanawy

to book a table	stol bellemek
course, dish	elbetde, saçak
to order	Sargamak
to make an order	sargyt etmek
aperitif	aperitif
starter	başlangyç
dessert	desert
bill	faktura
to pay the bill	tölemeli
to give change	üýtgetmek
tip	maslahat

Daş-töweregi

Questionnaire Anketa

name, first name	ady, ady
family name	familiýasy
date of birth	doglan gün
place of birth	doglan ýeri
nationality	raýatlygy
place of residence	ýaşaýan ýeri
country	ýurt
profession	hünäri
gender, sex	jyns, jyns

height	beýikligi
weight	agramy

Relatives   Garyndaşlar

mother	ejesi
father	kakasy
son	ogly
daughter	gyzy
younger daughter	kiçi gyzy
younger son	kiçi ogly
eldest daughter	Uly gyzy
eldest son	uly ogly
brother	dogan
sister	aýal dogany
cousin	daýy
cousin	daýy
mummy	mumiýa
dad, daddy	kaka, kaka
parents	ene-atalar
child	Çaga
children	Çagalar
grandmother	enesi
grandfather	atasy
grandson	agtygy
granddaughter	agtygy

grandchildren	agtyklary
uncle	daýy
aunt	daýza
nephew	ýegeni
niece	ýegen
mother-in-law	gaýyn ene
father-in-law	gaýyn ata
son-in-law	giýewi
stepmother	öweý ejesi
stepfather	öweý kakasy
infant	bäbek
baby	çaga
little boy	kiçi oglan
wife	aýaly
husband	adamsy
married	öýlenen
married	öýlenen
single	ýeke
bachelor	bakalawr
divorced	aýrylyşdylar
widow	dul aýal
widower	dul aýal
relative	garyndaş
close relative	ýakyn garyndaş

distant relative	uzak garyndaş
relatives	garyndaşlary
orphan	ýetim
guardian	howandary
to adopt	ogullyga almak
to adopt	ogullyga almak

Friends and Collegues Dostlar we kollejler

friend	dost
friend, girlfriend	dost, gyz dost
friendship	dostluk
to be friends	dost bolmak
pal	pal
pal	pal
partner	hyzmatdaş
chief	başlygy
boss, superior	başlyk, ýokary
subordinate	tabynlygyndaky
colleague	kärdeşi
acquaintance	tanyş
fellow traveller	ýoldaş
classmate	klasdaş
neighbour	goňşusy
neighbour	goňşusy

| neighbours | goňşulary |

Words about people — Adamlar hakda sözler

woman	aýal
girl, young woman	gyz, ýaş aýal
bride, fiancee	gelin, söýgülisi
beautiful	owadan
tall	uzyn
slender	ýuka
short	gysga
blonde	saryýagyz
brunette	garaguş
ladies'	aýallar '
virgin	gyz
pregnant	göwreli
man	adam
blond haired man	sary saçly adam
dark haired man	gara saçly adam
tall	uzyn
short	gysga
rude	gödek
stocky	ätiýaçly
robust	ygtybarly
strong	güýçli
strength	güýç

stout, fat	stout, ýag
swarthy	swarthy
well-built	gowy gurlan
elegant	owadan
Age	Ageaş
age	ýaşy
youth	ýaşlyk
young	ýaş
younger	kiçi
older	uly
young man	ýaş adam
guy, fellow	ýigit, ýoldaş
old man	Ýaşuly
old woman	garry aýal
adult	uly ýaşly
middle-aged	orta ýaşly
elderly	garrylar
old	köne
to retire	pensiýa çykmak
pensioner	pensioner
Children	Çagalar
child	Çaga
children	Çagalar
twins	ekizler

cradle	beşik
rattle	gykylyk
nappy	nappy
dummy, comforter	gödek, teselli beriji
pram	pram
nursery	çagalar bagy
babysitter	terbiýeçi
childhood	çagalyk
doll	gurjak
toy	oýunjak
construction set	gurluşyk toplumy
well-bred	gowy terbiýelenen
ill-bred	erbet terbiýelenen
spoilt	zaýalandy
to be naughty	gödek bolmak
mischievous	erbet
mischievousness	erbetlik
mischievous child	erbet çaga
obedient	tabyn
disobedient	boýun egmezlik
docile	mylakatly
clever	akylly
child prodigy	çaga azaşýar

Öýlenen durmuş

Öýlenen durmuş

to kiss	öpmek
to kiss	öpmek
family	maşgala
family	maşgala
couple	jübüt
marriage	nika
hearth	ojak
dynasty	neberesi
date	senesi
kiss	öp
love	söýgi
to love	söýmek
beloved	söýgüli
tenderness	näziklik
tender	tender
faithfulness	wepalylyk
faithful	wepaly
	adama ideg etmek
	Alada
newlyweds	täze durmuş guranlar

honeymoon	bal aýy
to get married	öýlenmek
to get married	öýlenmek
wedding	toý
golden wedding	altyn toý
anniversary	ýubileý
lover	söýgüli
mistress	hojaýyn
adultery	zyna
to commit adultery	zyna etmek
jealous	gabanjaň
to be jealous	gabanjaň bolmak
divorce	aýrylyşmak
to divorce	aýrylyşmak
to quarrel	dawa etmek
to be reconciled	ýaraşmak
together	bilelikde
sex	jyns
happiness	bagt
happy	bagtly
misfortune	betbagtlyk
unhappy	bagtsyz

Feelings   Duýgular

feeling	duýmak

feelings	duýgular
to feel	duýmak
hunger	açlyk
to be hungry	aç bolmak
thirst	teşne
to be thirsty	teşne bolmak
sleepiness	uky
to feel sleepy	ukusyz bolmak
tiredness	ýadawlyk
tired	ýadadym
to get tired	ýadamak
mood	keýp
boredom	içgysgynçlyk
to be bored	içgysgynç bolmak
seclusion	ýekelik
to seclude oneself	özüni gizlemek
to worry	alada etmek
to be worried	aladalanmak
anxiety	alada
preoccupied	aladaly
to be nervous	tolgunmak
to panic	howsala düşmek
hope	umyt
to hope	umyt etmek

certainty	şübhesiz
certain, sure	belli, şübhesiz
uncertainty	näbellilik
uncertain	näbellidir
drunk	serhoş
sober	seresap
weak	gowşak
happy	bagtly
to scare	gorkuzmak
rage	gahar
depression	depressiýa
discomfort	oňaýsyzlyk
comfort	rahatlyk
to regret	ökünmek
regret	ökün
bad luck	betbagt
sadness	gynanç
shame	utanç
merriment	şatlyk
enthusiasm	joşgun
enthusiast	höwesjeň
to show enthusiasm	joşgun görkezmek

Personal Traits Şahsy aýratynlyklar

character	häsiýet
character flaw	häsiýet kemçiligi
mind	akyl
reason	sebäp
conscience	wy consciencedan
habit	endigi
ability	ukyby
can	edip biler
patient	sabyrly
impatient	sabyrsyzlyk
curious	bilesigeliji
curiosity	bilesigelijilik
modesty	sypaýyçylyk
modest	sada
immodest	gödek
lazy	ýalta
lazy person	ýalta adam
cunning	mekir
cunning	mekir
distrust	ynamsyzlyk
distrustful	ynamsyzlyk
generosity	sahylyk
generous	sahy
talented	zehinli

talent	zehin
courageous	batyr
courage	gaýduwsyzlyk
honest	dogruçyl
honesty	dogruçyllyk
careful	seresap boluň
courageous	batyr
serious	çynlakaý
strict	berk
decisive	aýgytly
indecisive	karar bermezlik
shy, timid	utanjaň, utanjaň
shyness, timidity	utanjaňlyk, utanjaňlyk
confidence	ynam
to believe	ynanmak
trusting, naive	ynamly, sada
sincerely	tüýs ýürekden
sincere	tüýs ýürekden
sincerity	yhlas
calm	köşeş
frank	dogrymy aýtsam
naive, naive	sada, sada
absent-minded	ýok pikirli
funny	gülkünç

greed	açgözlik
greedy	açgöz
evil	erbet
stubborn	boýnuýogyn
unpleasant	ýakymsyz
selfish person	egoist adam
selfish	egoist
coward	gorkak
cowardly	gorkak

Sleep Uka

to sleep	ýatmak
sleep, sleeping	uklamak, uklamak
dream	düýş gör
to dream	arzuw etmek
sleepy	ukusyz
bed	düşek
mattress	düşek
blanket	ýorgan
pillow	ýassyk
sheet	sahypa
insomnia	ukusyzlyk
sleepless	ukusyz
sleeping pill	uky tabletkasy
to take a sleeping pill	uklaýan derman kabul etmek

to feel sleepy	ukusyz bolmak
to yawn	ýanmak
to go to bed	ýatmak
to make up the bed	düşegi düzmek
to fall asleep	uklamak
nightmare	düýş görmek
snoring	horlamak
to snore	horlamak
alarm clock	jaň sagady
to wake	oýanmak
to wake up	oýanmak
to get up	turmak
to wash oneself	ýuwmak
Laugh	**Gül**
humour	degişme
sense of humour	degişme
to have fun	hezil etmek
cheerful	şadyýan
merriment, fun	hezil, gyzykly
smile	ýylgyr
to smile	ýylgyrmak
to start laughing	gülüp başlamak
to laugh	gülmek
laugh, laughter	gülmek, gülmek

anecdote	anekdot
funny	gülkünç
funny	gülkünç
to joke, to be kidding	degişmek, degişmek
joke	degişme
joy	şatlyk
to rejoice	begenmek
glad	begenýärin
Communication	Aragatnaşyk
communication	aragatnaşyk
to communicate	aragatnaşykda bolmak
conversation	söhbetdeşlik
dialogue	gepleşik
discussion	çekişme
debate	jedel
to debate	jedel etmek
interlocutor	söhbetdeş
topic	mowzuk
point of view	nukdaýnazary
opinion	pikir
speech	çykyş
discussion	çekişme
to discuss	ara alyp maslahatlaşmak üçin
talk	gürleş

to talk	gürlemek
meeting	Duşuşyk
to meet	tanyşmak
proverb	nakyl
saying	diýýär
riddle	tapmaca
to ask a riddle	tapmany soramak
password	parol
secret	gizlin
oath	kasam
to swear	ant içmek
promise	wada bermek
to promise	söz bermek
advice	maslahat
to advise	maslahat bermek
to follow one's advice	maslahatyna eýermek
news	habarlar
sensation	sensasiýa
information	maglumat
conclusion	Netije
voice	ses
compliment	öwgi
kind	görnüşli
word	söz

phrase	söz düzümi
answer	jogap ber
truth	hakykat
lie	ýalan
thought	pikir etdi
idea	ideýa
fantasy	fantaziýa

Talk Gepleş

respected	hormatlanýar
to respect	hormatlamak
respect	hormat
Dear...	Gadyrly ...
to introduce	bilen tanyşdyrmak
to make acquaintance	tanyşmak
intention	niýet
to intend	niýet etmek
wish	arzuw edýärin
to wish	arzuw etmek
surprise	geň galdyryjy
to surprise	geň galdyrmak
to be surprised	geň galmak
to give	bermek
to take	almak

to give back	yzyna bermek
to return	gaýdyp gelmek
to apologize	ötünç soramak
apology	ötünç
to forgive	bagyşlamak
to talk	gürlemek
to listen	diňlemek
to hear... out	eşitmek ... çykmak
to understand	dusunmek
to show	görkezmek
to look at ...	seretmek ...
to call	jaň etmek
to distract	ünsüni sowmak
to disturb	biynjalyk etmek
to pass	geçmek
demand	isleg
to request	haýyş etmek
demand	isleg
to demand	talap etmek
to tease	gülmek
to mock	masgaralamak
mockery, derision	masgaralamak, gülmek
nickname	lakam
allusion	alýuziýa

to allude	alude
to imply	aňlatmak
description	beýany
to describe	suratlandyrmak
praise	öwgi
to praise	öwmek
disappointment	lapykeçlik
to disappoint	lapykeç etmek
to be disappointed	lapykeç bolmak
supposition	çaklama
to suppose	çaklamak
warning, caution	duýduryş, seresaplyk
to warn	duýduryş bermek
to talk into	bilen gürleşmek
to calm down	köşeşmek
silence	dymmak
to keep silent	dymmak
to whisper	pyşyrdamak
whisper	pyşyrdady
frankly	dogrymy aýtsam
in my opinion ...	meniň pikirimçe ...
detail	jikme-jiklik
detailed	jikme-jik
in detail	jikme-jik

hint, clue	yşarat, düşündiriş
to give a hint	yşarat etmek
look	seret
to have a look	seretmek
fixed	kesgitlenen
to blink	ýalpyldawuk
to wink	göz gamaşdyrmak
to nod	baş atmak
sigh	dem al
to sigh	dem almak
to shudder	titremek
gesture	yşarat
to touch	degmek
to seize	ele almak
to tap	basmak
Look out!	Serediň!
Really?	Hakykatdanam?
Good luck!	Sag boluň!
I see!	Görýän!
It's a pity!	Gynandyryjy!

Agreement and Disagreement — Ylalaşyk we düşünişmezlik

consent	razylyk
to agree	razy bolmak
approval	tassyklamak

to approve	tassyklamak
refusal	ret etmek
to refuse	ret etmek
Great!	Gowy!
All right!	Bolýar!
Okay!	Bolýar!
forbidden	gadagan
it's forbidden	gadagan
incorrect	nädogry
to reject	ret etmek
to support	goldamak
to accept	kabul etmek
to confirm	tassyklamak üçin
confirmation	tassyklamak
permission	rugsady
to permit	rugsat bermek
decision	karar
to say nothing	hiç zat diýmezlik
condition	ýagdaýy
excuse	bahana
praise	öwgi
to praise	öwmek

Success and defeat Üstünlik we ýeňiş

success	üstünlik
successfully	üstünlikli
successful	üstünlikli
good luck	üstünlik
Good luck!	Sag boluň!
lucky	bagtly
lucky	bagtly
failure	şowsuzlyk
misfortune	betbagtlyk
bad luck	betbagt
unsuccessful	şowsuz
catastrophe	betbagtçylyk
pride	buýsanç
proud	buýsanýar
to be proud	buýsanmak
winner	ýeňiji
to win	utmak
to lose	ýitirmek
try	synap görüň
to try	synap görmek
chance	pursat

Ativearamaz duýgy

| shout | gygyr |
| to shout | diýip gygyrmak |

to start to cry out	gygyryp başlamak
quarrel	dawa
to quarrel	dawa etmek
fight	söweş
to have a fight	söweşmek
conflict	dawa
misunderstanding	düşünişmezlik
insult	kemsitmek
to insult	kemsitmek
insulted	kemsidildi
offence	kemsitmek
to offend	göwnüne degmek
to take offence	gaharlandyrmak
indignation	gahar
to be indignant	gaharlanmak
complaint	şikaýat
to complain	arz etmek
apology	ötünç
to apologize	ötünç soramak
to beg pardon	bagyşlamak
criticism	tankyt
to criticize	tankytlamak
accusation	aýyplama
to accuse	günäkärlemek

revenge	ar almak
to avenge	ar almak
to pay back	yzyna gaýtaryp bermek
disdain	äsgermezlik
to despise	ýigrenmek
hatred, hate	ýigrenç, ýigrenç
to hate	ýigrenmek
nervous	nerw
to be nervous	tolgunmak
angry	gaharly
to make angry	gaharlanmak
to scold???	käýinmek ???
humiliation	masgaraçylyk
to humiliate	kemsitmek
to humiliate oneself	özüni kemsitmek
shock	şok
to shock	haýran galdyrmak
trouble	kynçylyk
unpleasant	ýakymsyz
fear	gorky
terrible	aýylganç
scary	gorkunç
horror	elhençlik
awful	aýylganç

to begin to tremble	titremäge başlamak
to cry	Aglamak
to start crying	aglap başlamak
tear	ýyrtmak
fault	ýalňyşlyk
guilt	günäkär
dishonour	biabraýlyk
protest	nägilelik bildirdi
stress	stres
to disturb	biynjalyk etmek
to be furious	gaharlanmak
angry	gaharly
to end	gutarmak
to be scared	gorkmak
to hit	urmak
to fight	uruşmak
to settle	çözmek
discontented	nägile
furious	gaharly
It's not good!	Gowy däl!
It's bad!	Bu erbet!

Illness   Kesel

illness	kesel
to be ill	kesel bolmak
health	saglyk
runny nose	dümew
tonsillitis	tonzillit
cold	sowuk
to catch a cold	sowuk almak
bronchitis	bronhit
pneumonia	öýken keseli
flu	dümew
short-sighted	gysga gözli
long-sighted	uzak wagtlap görýän
squint	siňek
squint-eyed	gözli
cataract	katarakt
glaucoma	glaukoma
stroke	insult
heart attack	ýürek agyry
myocardial infarction	miokard infarkty
paralysis	ysmaz

to paralyse	ysmaz etmek
allergy	allergiýa
asthma	demgysma
diabetes	süýji keseli
toothache	diş agyry
caries	karies
diarrhoea	içgeçme
constipation	iç gatamagy
stomach upset	aşgazan agyrýar
food poisoning	iýmit bilen zäherlenmek
to poison oneself	özüni zäherlemek
arthritis	artrit
rickets	raketa
rheumatism	revmatizm
atherosclerosis	ateroskleroz
gastritis	gastrit
appendicitis	appendisit
cholecystitis	holesistit
ulcer	ýara
measles	gyzamyk
German measles	Nemes gyzamyk
jaundice	sarylyk
hepatitis	gepatit
schizophrenia	şizofreniýa

rabies	guduz
neurosis	newroz
concussion	sarsma
cancer	rak
sclerosis	skleroz
multiple sclerosis	köp skleroz
alcoholism	arakhorluk
alcoholic	alkogolly
syphilis	sifilis
AIDS	AIDS
tumour	çiş
fever	gyzzyrma
malaria	gyzzyrma
gangrene	gangren
seasickness	deňiz keseli
epilepsy	epilepsiýa
epidemic	epidemiýa
typhus	tif
tuberculosis	inçekesel
cholera	holera
plague	gyrgyn

Symptoms and Treatment   Alamatlary we bejergisi

symptom	alamaty
temperature	temperatura

fever	gyzzyrma
pulse	impuls
giddiness	gülkünç
hot	yssy
shivering	titremek
pale	reňkli
cough	üsgülewük
to cough	üsgürmek
to sneeze	asgyrmak
faint	ejiz
to faint	halys
bruise	gögermek
bump	bökmek
to bruise oneself	özüni gögermek
bruise	gögermek
to get bruised	gögermek
to limp	agsamak
dislocation	başga ýerden
to dislocate	ýerleşdirmek
fracture	döwük
to have a fracture	döwülmek
cut	kes
to cut oneself	özüni kesmek
bleeding	gan akma

burn	ýakmak
to burn oneself	özüni ýakmak
to prickle	gysmak
to prickle oneself	özüni gysmak
to injure	şikes bermek
injury	şikes
wound	ýara
trauma	trawma
to be delirious	göwünjeň bolmak
to stutter	togtatmak
sunstroke	gün urmagy
pain	agyry
splinter	bölünmek
sweat	der
to sweat	derlemek
vomiting	gusmak
convulsions	sarsgynlar
pregnant	göwreli
to be born	dogulmak
delivery, labour	eltmek, zähmet
to labour	zähmet çekmek
abortion	abort
respiration	dem alyş
inhalation	dem almak

exhalation	dem alyş
to breathe out	dem almak
to breathe in	dem almak
disabled person	maýyp
cripple	maýyp
drug addict	neşekeş
deaf	kerler
dumb	lal
deaf-and-dumb	ker we lal
mad, insane	däli, däli
madman	däli
madwoman	däli aýal
to go insane	däli bolmak
gene	gen
immunity	immunitet
hereditary	miras
congenital	dogabitdi
virus	wirus
microbe	mikrob
bacterium	bakteriýa
infection	ýokaşma
hospital	hassahana
patient	sabyrly
diagnosis	diagnoz

cure	bejermek
treatment	bejergisi
to get treatment	bejergi almak üçin
to treat	bejermek
to nurse	şepagat uýasy
care	ideg
operation, surgery	operasiýa, hirurgiýa
to bandage	saralmak
bandaging	bandaj
vaccination	sanjym
to vaccinate	sanjym etmek
injection, shot	sanjym, ok
to give an injection	sanjym bermek
attack	hüjüm
amputation	amputasiýa
to amputate	kesmek
coma	koma
to be in a coma	komada bolmak
intensive care	reanimasiýa
to recover	dikeltmek üçin
state	ştat
consciousness	aň
memory	ýat
to extract	çykarmak

filling	doldurmak
to fill	doldurmak
hypnosis	gipnoz
to hypnotize	gipnotizasiýa etmek

Medical specialties Lukmançylyk hünärleri

doctor	lukman
nurse	şepagat uýasy
private physician	hususy lukman
dentist	diş lukmany
ophthalmologist	oftalmolog
general practitioner	umumy lukman
surgeon	hirurg
psychiatrist	psihiatr
paediatrician	çaga lukmany
psychologist	psiholog
gynaecologist	ginekolog
cardiologist	kardiolog

Medicines Dermanlar

medicine, drug	derman, neşe
remedy	bejeriş serişdesi
to prescribe	bellemek
prescription	resept
tablet, pill	planşet, tabletka

ointment	melhem
ampoule	ampula
mixture	garyndy
syrup	sirop
pill	tabletka
powder	poroşok
bandage	bandaj
cotton wool	pagta ýüň
iodine	ýod
plaster	gips
eyedropper	göz gamaşdyryjy
thermometer	termometr
syringe	şpris
wheelchair	maýyplar üçin oturgyç
crutches	taýaklar
painkiller	agyry kesiji
laxative	laksatif
spirit, ethanol	ruh, etanol
medicinal herbs	dermanlyk ösümlikler
herbal	ösümlik

Smoking   Çilim çekmek

tobacco	temmäki
cigarette	çilim

cigar	çilim
pipe	turba
packet	paket
matches	gabat gelýär
matchbox	guty gutusy
lighter	has ýeňil
ashtray	kül
cigarette case	çilim
cigarette holder	çilim
filter	
to smoke	
to light a cigarette	
smoking	
smoker	
cigarette end	
smoke	
ash	